La bibliothèque de Maman Poule

TARTES TOURTES ET COMPAGNIE

35 recettes

Christine Achard

Photographies **François Chemel**

Editions OUEST-FRANCE

CRÈME D'AUBERGINE EN TARTE

Préparation : 25 min *Cuisson :* 1 h 30

POUR 6 PERSONNES

PÂTE BRISÉE : *200 g de farine ✦ 90 g de beurre très froid ✦ 1 œuf entier ✦ 1 cuillerée à soupe d'eau ✦ 1 pincée de sel ✦ 1 cuillerée à soupe de graines de sésame* ✦ **GARNITURE :** *3 œufs ✦ 10 cl de crème fraîche liquide ✦ 20 cl de lait ✦ 500 g d'aubergines ✦ 3 cuillerées à soupe de tahiné (pâte de sésame) en vente dans les épiceries orientales ✦ Le jus d'un citron jaune ✦ 1 gousse d'ail ✦ 10 brins de coriandre fraîche ✦ 2 cuillerées à soupe d'huile d'olive ✦ 1 cuillerée à soupe de graines de sésame ✦ Sel, poivre*

✦ Réaliser la pâte à tarte : mélanger la farine tamisée, avec le sel et les graines de sésame. Ajouter le beurre bien froid découpé en petits dés et malaxer du bout des doigts, afin d'obtenir une pâte sableuse. Verser l'œuf entier battu à la fourchette avec l'eau et mélanger. Ne pas trop travailler la pâte. Réaliser une boule et la réserver filmée, 2 à 3 h, au réfrigérateur.

✦ Découper les aubergines en deux dans le sens de la longueur et les mettre au four 30 min à 180 °C (th. 6). Les laisser refroidir avant de prélever la chair du légume avec l'aide d'une cuillère.

✦ Fariner le plan de travail, puis étaler la pâte à tarte au rouleau à pâtisserie. L'enrouler autour du rouleau et la déposer sur le moule. Foncer la pâte dans un cercle ou un moule à tarte de 22 cm de diamètre. Piquer à la fourchette le fond et les contours de la tarte et la réserver encore 30 min au frais pour éviter que les bords ne se rétractent.

✦ Préchauffer le four à 180 °C (th. 6). Mettre au four la tarte, recouverte d'une feuille de papier et de billes de cuisson, durant 30 min.

✦ Éplucher la gousse d'ail. Laver et ciseler la coriandre. Prélever le jus du citron.

✦ Verser dans le bol d'un robot la chair d'aubergine, la pâte de sésame, l'ail, le jus de citron, et l'huile d'olive. Mixer pour obtenir une purée assez épaisse, mais lisse, sans morceau. Saler, poivrer et réserver.

✦ Réaliser l'appareil, en mélangeant les œufs entiers légèrement fouettés avec la crème, le lait, du sel et du poivre. Mélanger cet appareil à la préparation à base d'aubergines.

✦ Verser cette garniture sur le fond de tarte précuit dont vous avez ôté les billes de cuisson et mettre au four durant 30 min.

✦ Déguster tiède ou froid avec une salade de tomates et une salade de pourpier.

TARTE AU CHÈVRE, COURGETTES ET BASILIC

Préparation : *20 min* **Cuisson :** *1 h 05*

POUR 6 PERSONNES

PÂTE BRISÉE : *200 g de farine* ✦ *90 g de beurre très froid* ✦ *1 œuf entier* ✦ *1 cuillerée à soupe d'eau* ✦ *1 pincée de sel (si vous utilisez du beurre doux)* ✦ *1 cuillerée à soupe de graines de pavot* ✦ **GARNITURE :** *3 œufs* ✦ *10 cl de crème fraîche liquide* ✦ *25 cl de lait* ✦ *200 g de fromage de chèvre frais type Billy* ✦ *200 g de courgettes* ✦ *1 cuillerée à soupe d'huile d'olive* ✦ *3 belles branches de menthe fraîche* ✦ *1 demi-bouquet de basilic* ✦ *1 cuillerée à soupe de graines de courges* ✦ *Sel, poivre*

✦ Réaliser la pâte à tarte : mélanger la farine tamisée avec le sel et les graines de pavot. Ajouter le beurre bien froid découpé en petits dés et malaxer, afin d'obtenir une pâte sableuse. Verser l'œuf entier battu à la fourchette avec l'eau et mélanger. Ne pas trop travailler la pâte. Réaliser une boule et la réserver filmée, 2 à 3 h, au réfrigérateur.

✦ Fariner le plan de travail, puis étaler la pâte au rouleau à pâtisserie. L'enrouler autour du rouleau et la déposer sur le moule. Foncer la pâte dans un cercle ou un moule à tarte de 22 cm de diamètre. Piquer à la fourchette le fond et les contours de la tarte et réserver encore 30 min au frais pour éviter que les bords ne se rétractent.

✦ Préchauffer le four à 160/180 °C (th. 6). Mettre au four la tarte, recouverte d'une feuille de papier et de billes de cuisson, durant 30 min.

✦ Laver et détailler en rondelles les courgettes. Laver et sécher les herbes fraîches.

✦ Chauffer l'huile dans une poêle et faire cuire à feu doux, sans brunir les courgettes pendant 5 min. Elles doivent rester « al dente » puisqu'elles vont finir de cuire avec la tarte. Déposer les rondelles de courgettes sur un papier absorbant. Saler, poivrer et réserver.

✦ Réaliser l'appareil, en mélangeant les œufs entiers légèrement fouettés avec la crème, et le lait. Saler, poivrer et ajouter les herbes fraîches ciselées.

✦ Sortir le fond de tarte du four et retirer les billes de cuisson. Disposer les rondelles de courgettes dans le fond de tarte. Les recouvrir de tranches de fromage de chèvre, puis couler le mélange de l'appareil jusqu'à hauteur du bord de la tarte. Saupoudrer de graines de courges et mettre au four 30 à 35 min.

✦ Déguster avec une salade de tomates basilic bien fraîche.

TARTE AU CHOU ET HADDOCK

Préparation : 20 min *Cuisson :* 1 h 05

POUR 6 PERSONNES

PÂTE BRISÉE : *200 g de farine ✦ 80 g de beurre demi-sel très froid ✦ 1 œuf entier ✦ 1 cuillerée à soupe d'eau ✦ 1 pincée de sel (si vous utilisez du beurre doux) ✦ 1 cuillerée à café de graines de genièvre écrasées* ✦ GARNITURE : *3 œufs ✦ 10 cl de crème fraîche liquide ✦ 20 cl de lait ✦ 200 g de chou cuisiné façon choucroute au vin blanc (en bocal) ✦ 180 g de haddock ✦ 1 cuillerée à soupe de moutarde à l'ancienne ✦ 1 belle feuille de laurier ✦ 1 demi-cuillerée à café de paprika fumé ✦ Sel, poivre*

✦ Réaliser la pâte à tarte : mélanger la farine tamisée avec le sel et les graines de genièvre écrasées. Ajouter le beurre bien froid découpé en petits dés et malaxer, afin d'obtenir une pâte sableuse. Verser l'œuf entier battu à la fourchette avec l'eau et mélanger. Ne pas trop travailler la pâte. Réaliser une boule et la réserver 3 h ou toute la nuit, filmée, au réfrigérateur.

✦ Faire dessaler le filet de haddock à l'eau froide durant 2 à 3 h.

✦ Fariner le plan de travail, puis étaler la pâte au rouleau à pâtisserie. L'enrouler autour du rouleau et la déposer sur le moule. Foncer la pâte dans un cercle ou un moule à tarte de 22 cm de diamètre. Piquer à la fourchette le fond et les contours de la tarte et réserver encore 30 min au frais pour éviter que les bords ne se rétractent.

✦ Préchauffer le four à 160/180 °C (th. 6). Mettre au four la tarte, recouverte d'une feuille de papier et de billes de cuisson, durant 30 min.

✦ Faire cuire le poisson dans une casserole d'eau bouillante avec la feuille de laurier 4 à 5 min. Égoutter et laisser refroidir avant d'émietter.

✦ Réaliser l'appareil en mélangeant les œufs entiers légèrement fouettés avec la crème, le lait, du poivre et le paprika. Ne pas saler, le haddock l'est suffisamment.

✦ Sortir du four le fond de tarte précuit dont vous avez ôté les billes. Le badigeonner de moutarde à l'ancienne. Étaler ensuite la choucroute bien égouttée puis les miettes de poisson. Verser l'appareil à quiche et mettre au four 30 min.

✦ Déguster bien chaud avec une salade de roquette.

TARTE AUX CHAMPIGNONS ET CHÂTAIGNES

Préparation : 20 min *Cuisson :* 1 h 08

POUR 6 PERSONNES

PÂTE BRISÉE : *130 g de farine de blé ✦ 70 g de farine de châtaigne ✦ 90 g de beurre demi-sel très froid ✦ 1 œuf entier ✦ 1 cuillerée à soupe d'eau ✦ 1 cuillerée à soupe de graines de pavot ✦ 1 pincée de sel (si vous utilisez du sel doux)* ✦ **GARNITURE :** *3 œufs ✦ 10 cl de crème fraîche liquide ✦ 20 cl de lait ✦ 400 g de champignons mélangés (cèpes, shiitakes, champignons de Paris, girolles, chanterelles, trompettes-de-la-mort...) ✦ 100 g de marrons cuits sous vide ✦ 1 cuillerée à soupe d'huile d'olive ✦ 3 branches d'estragon ✦ 2 échalotes ✦ 1 gousse d'ail ✦ 30 g de cerneaux de noix ✦ Sel, poivre*

✦ Mélanger les farines tamisées avec le sel et les graines de pavot. Ajouter le beurre bien froid découpé en petits dés et malaxer du bout des doigts, afin d'obtenir une pâte sableuse. Verser l'œuf entier battu à la fourchette avec l'eau et mélanger. Ne pas trop travailler la pâte. Réaliser une boule et la réserver 3 h ou toute la nuit, filmée, au réfrigérateur.

✦ Fariner le plan de travail, puis étaler la pâte au rouleau à pâtisserie. L'enrouler autour du rouleau et la déposer sur le moule. Foncer la pâte dans un cercle ou un moule à tarte de 22 cm de diamètre. Piquer à la fourchette le fond et les contours de la tarte et réserver encore 30 min au frais pour éviter que les bords ne se rétractent.

✦ Préchauffer le four à 160/180 °C (th. 6). Mettre au four la tarte, recouverte d'une feuille de papier et de billes de cuisson, durant 30 min.

✦ Nettoyer et émincer les champignons. Dans une poêle, faire revenir dans la cuillerée d'huile les échalotes émincées et l'ail écrasé. Ajouter les champignons, assaisonner et laisser cuire 8 min à feu doux. Les champignons doivent rendre leur eau et être dorés.

✦ Hors du feu, ajouter l'estragon lavé ciselé, les cerneaux de noix concassés et les marrons en morceaux.

✦ Réaliser l'appareil, en mélangeant les œufs entiers légèrement fouettés avec la crème, le lait, une pincée de sel et du poivre. Mélanger cet appareil à la poêlée de champignons, marrons et herbes fraîches.

✦ Verser cette garniture sur le fond de tarte précuit dont vous avez ôté les billes de cuisson et mettre au four 30 à 35 min.

✦ Déguster tiède ou froid avec une salade de tomates et une salade d'herbes fraîches.

1920

TATIN DE CHAMPIGNONS

Préparation : 15 min **Cuisson :** 40 min

POUR 4 PERSONNES

PÂTE BRISÉE : 200 g de farine ✦ 90 g de beurre demi-sel bien froid ✦ 1 œuf entier ✦ 1 cuillerée à soupe d'eau ✦ 1 pincée de sel (si vous utilisez du beurre doux) ✦
GARNITURE : 800 g de champignons de Paris ✦ 300 g d'échalotes ✦ 1 quart de bouquet de persil ✦ 4 cuillerées à soupe de sauce soja sucrée ✦ 2 cuillerées à soupe d'huile ✦ 1 cuillerée à soupe de vinaigre balsamique ✦ 1 filet de citron jaune

✦ Réaliser la pâte à tarte : mélanger la farine tamisée avec le sel. Ajouter le beurre bien froid découpé en petits dés et malaxer du bout des doigts, afin d'obtenir une pâte sableuse. Verser l'œuf entier battu à la fourchette avec l'eau et mélanger. Ne pas trop travailler la pâte. Réaliser une boule et la réserver 2 à 3 h, filmée, au réfrigérateur.
✦ Fariner le plan de travail, puis étaler la pâte à tarte au rouleau à pâtisserie. Réaliser un cercle. L'enrouler autour du rouleau et la déposer sur une feuille de papier de cuisson. Réserver au frais.
✦ Préchauffer le four à 180 °C (th. 6).
✦ Nettoyer et ôter le pied des champignons. Dans une poêle, faire fondre l'huile les échalotes et le persil lavé et ciselé, puis disposer les champignons entiers et laisser cuire 10 min afin qu'ils rendent leur eau.
✦ Dans un plat à tarte, réaliser un caramel en laissant réduire la sauce soja pendant 2 à 3 min. Déglacer avec le vinaigre balsamique. Disposer les champignons dessus, tête dans le fond du plat. Arroser d'un filet de citron et recouvrir du cercle de pâte. Cuire 25 à 30 min.
✦ Déguster avec une salade.

TARTE AU SAUMON

Préparation : 15 min **Cuisson :** 1 h

POUR 6 PERSONNES

PÂTE BRISÉE : 200 g de farine ✦ 80 g de beurre demi-sel très froid ✦ 1 œuf ✦ 1 cuillerée à soupe d'eau ✦ 1 cuillerée à soupe de graines d'aneth ✦ **GARNITURE :** 3 œufs ✦ 10 cl de crème fleurette ✦ 25 cl de lait ✦ 300 g de saumon frais sans peau ni arêtes ✦ 1 quart de citron confit (soit 20 g environ) ✦ 1 bouquet de persil ✦ 2 échalotes ✦ 1 cuillerée à café d'huile de sésame ✦ Sel, poivre

✦ Réaliser la pâte à tarte : tamiser la farine, puis la mélanger avec les graines de sésame. Faire un puits et verser le beurre détaillé en dés. Travailler la pâte rapidement avec les doigts afin d'obtenir un mélange homogène. Ajouter l'œuf légèrement battu avec la cuillerée d'eau. Réaliser une boule. Filmer et laisser reposer au frais 2 h.

✦ Fariner le plan de travail, puis étaler la pâte au rouleau à pâtisserie. L'enrouler autour du rouleau et la déposer sur le moule. Foncer la pâte dans un cercle ou un moule à tarte de 22 cm de diamètre. Piquer à la fourchette le fond et les contours de la tarte et réserver encore 30 min au frais pour éviter que les bords ne se rétractent.

✦ Préchauffer le four à 160/180 °C (th. 6).

✦ Mettre au four la tarte, recouverte d'une feuille de papier et de billes de cuisson durant 30 min.

✦ Laver et émincer le persil. Éplucher et émincer l'échalote. Bien laver le citron confit pour ôter le sel et émincer le zeste.

✦ Réaliser l'appareil en mélangeant les œufs entiers légèrement fouettés avec la crème, le lait, une pincée de sel et du poivre. Émietter le saumon non cuit avec le citron confit détaillé en petits dés, l'échalote, le persil et l'huile de sésame. Mélanger cette préparation à l'appareil à base d'œufs et crème. Rectifier l'assaisonnement.

✦ Verser cette garniture sur le fond de tarte précuit dont vous avez ôté les billes de cuisson et cuire 30 min.

✦ Déguster tiède ou froid avec une salade de tomates et une salade de pourpier.

PISSALADIÈRE COMME À NICE

Préparation : 30 min *Cuisson :* 1 h 10

POUR 6 PERSONNES

PÂTE À PIZZA : 250 g de farine de blé ✦ 10 g de levure de boulanger ✦ 12,5 cl d'eau tiède ✦ 1 demi-cuillerée à café de sel fin ✦ 3 cuillerées à soupe d'huile d'olive ✦
GARNITURE : 12 à 14 anchois à l'huile ✦ 1 à 1,2 kg d'oignons blancs doux (des Cévennes) ✦ 1 poignée d'olives noires de Nyons ✦ 6 cuillerées à soupe d'huile d'olive ✦ Poivre du moulin

✦ Réaliser une pâte à pizza ou commander 250 g de pâte à pain (l'équivalent d'une baguette) chez votre boulanger : sur le plan de travail, verser la farine et le sel. Creuser un puits et ajouter la levure délayée avec l'eau tiède puis l'huile d'olive. Mélanger le tout pour obtenir une boule de pâte et laisser reposer, « pousser », dans un saladier recouvert d'un torchon propre pendant 2 h.
✦ Éplucher et couper les oignons en rondelles assez fines. Vous pouvez vous faire aider d'une mandoline ou d'un robot. Dans une grande cocotte, faire chauffer trois cuillerées d'huile d'olive et mettre les oignons à cuire à feu doux, sans colorer, pendant 40 à 45 min.
✦ Travailler de nouveau la pâte à pain quelques instants avant de la laisser reposer de nouveau 1 h.
✦ Préchauffer le four à 210 °C (th. 7).
✦ Laver les anchois à l'eau claire. Les sécher et réaliser une pommade en mixant les filets d'anchois avec les trois autres cuillerées d'huile d'olive. Mélanger cette pommade aux oignons.
✦ Étaler la pâte à pain en faisant un cercle de 25 cm de diamètre sur 1,5 cm d'épaisseur, ou un rectangle. Recouvrir d'oignons cuits la pâte à pizza, disposer les olives noires et mettre au four 25 min.
✦ Déguster tiède à l'apéritif ou avec une salade verte au dîner.

TARTE TOMATE, BACON ET CHEDDAR

Préparation : 30 min *Cuisson :* 1 h

POUR 4 PERSONNES

PÂTE À TARTE : *150 g de farine de blé ✦ 50 g de polenta ✦ 1 demi-cuillerée à café de curcuma ✦ 4 cuillerées à soupe d'huile d'olive ✦ 1 œuf ✦ 1 cuillerée à soupe d'eau ✦ 1 pincée de sel (si vous utilisez du beurre doux)* ✦ **GARNITURE :** *5 à 6 tomates Roma ou 1 grande boîte de tomates pelées entières ✦ 5 tranches de bacon ✦ 80 g de cheddar en tranches fines ✦ 1 bonne cuillerée à soupe de moutarde de Dijon ✦ Huile d'olive ✦ Quelques feuilles de basilic*

✦ Préparer la pâte à tarte : mélanger la farine tamisée avec la polenta, le sel et le curcuma. Ajouter l'huile d'olive et mélanger. Verser l'œuf entier battu à la fourchette avec l'eau. Réaliser une boule et la réserver 3 h ou toute la nuit, filmée, au réfrigérateur.

✦ Préchauffer le four à 160/180 °C (th. 6). Étaler la pâte dans un moule à tarte avec des bords de 2 cm et faire précuire le fond, recouvert de billes de cuisson, durant 30 min.

✦ Pendant ce temps, égoutter les tomates pelées. Les percer pour les vider de leur jus. Faire griller à sec (c'est-à-dire sans matière grasse) les tranches de bacon. Découper le cheddar en fines tranches (préférer du cheddar à la coupe plutôt que les tranches déjà toutes prêtes pour burger).

✦ Sortir le fond de tarte du four. Ôter les billes de cuisson et le recouvrir des tranches de cheddar. Étaler la cuillerée de moutarde sur le fromage avant de disposer les tranches de bacon grillées puis les tomates entières. Mettre de nouveau la tarte au four 30 min.

✦ Sortir la tarte, l'arroser d'un filet d'huile d'olive et saupoudrer de fleurs de sel, de poivre du moulin, de basilic ciselé.

TARTELETTES AUX BULOTS

Préparation : 20 min *Cuisson :* 50 min

POUR 6 PERSONNES

PÂTE BRISÉE : *100 g de farine de blé ✦ 100 g de farine de sarrasin ✦ 90 g de beurre demi-sel très froid ✦ 1 œuf entier ✦ 1 cuillerée à soupe d'eau ✦ 1 cuillerée à soupe de graines de lin* ✦ **GARNITURE :** *3 échalotes ✦ 10 cl de vin blanc ✦ 10 cl de vinaigre balsamique ✦ 1 cuillerée à café de sucre en poudre ✦ 10 cl de crème fleurette ✦ 500 g de bulots cuits soit environ 150 g de bulots décortiqués ✦ 1 demi-avocat ✦ 1 quart de bulbe de fenouil ✦ 10 à 12 noisettes ✦ 6 à 10 feuilles de basilic ✦ 4 radis ✦ Le jus d'un demi-citron ✦ Sel, poivre du moulin*

✦ Réaliser la pâte à tarte : mélanger les farines tamisées avec le sel et les graines de lin. Ajouter le beurre bien froid découpé en petits dés et malaxer afin d'obtenir une pâte sableuse. Verser l'œuf entier battu à la fourchette avec l'eau et mélanger. Ne pas trop travailler la pâte. Réaliser une boule et la réserver 3 h ou toute la nuit, filmée, au réfrigérateur.

✦ Fariner le plan de travail, puis étaler la pâte au rouleau à pâtisserie. L'enrouler autour du rouleau et la déposer sur le moule. Foncer la pâte dans un cercle ou un moule à tarte de 22 cm de diamètre. Piquer à la fourchette le fond et les contours de la tarte et réserver encore 30 min au frais pour éviter que les bords ne se rétractent.

✦ Préchauffer le four à 160/180 °C (th. 6). Mettre au four la tarte, recouverte d'une feuille de papier et de billes de cuisson, durant 50 min.

✦ Éplucher et émincer les échalotes. Les faire cuire dans une poêle avec le vin blanc, le vinaigre balsamique et le sucre. Faire réduire 10 min. Ajouter la crème fleurette et réserver.

✦ Laver le fenouil, les radis. Réaliser une brunoise avec les légumes : avocat, fenouil, radis, en les détaillant en petits dés. Arroser d'un filet de citron, réserver.

✦ Sortir les bulots de leur coquille et les découper en lamelles. Concasser grossièrement les noisettes.

✦ Faire réchauffer les bulots quelques instants dans la sauce aux échalotes et vinaigre. Verser sur les fonds de tartelettes cuits. Disposer une bonne cuillerée de brunoise dessus et décorer d'une feuille de basilic frit.

✦ Réserver au four jusqu'au moment de servir.

TARTE AUX MOULES

Préparation : 15 min *Cuisson :* 1 h

POUR 6 PERSONNES

PÂTE BRISÉE : 200 g de farine ✦ 90 g de beurre demi-sel très froid ✦ 1 œuf ✦ 1 cuillerée à soupe d'eau ✦ 1 pincée de sel (si vous utilisez du beurre doux) ✦ **GARNITURE :** 1 l de moules de bouchot de préférence ✦ 10 cl de vin blanc sec ✦ 2 échalotes ✦ 250 g de champignons de Paris ✦ 1 cuillerée à soupe d'huile d'olive ✦ 6 brins de persil ✦ 1 gousse d'ail ✦ 80 g de tomates cerises ✦ 3 œufs ✦ 10 cl de crème fraîche ✦ 20 cl de lait

✦ Réaliser la pâte à tarte : tamiser la farine, puis la mélanger avec le sel. Faire un puits et verser le beurre détaillé en dés. Travailler la pâte rapidement avec les doigts afin d'obtenir un mélange homogène. Ajouter l'œuf légèrement battu avec la cuillerée d'eau. Réaliser une boule. Filmer et laisser reposer au frais 2 h.

✦ Nettoyer les moules et les faire cuire dans une casserole à couvert avec le vin blanc. Lorsqu'elles sont ouvertes, elles sont cuites. Laisser refroidir avant de décoquiller. Réserver et filtrer l'eau de cuisson.

✦ Éplucher et émincer les échalotes. Nettoyer les champignons et les émincer.

✦ Dans une poêle, faire chauffer la cuillerée d'huile, puis faire revenir les échalotes et l'ail écrasé. Ajouter les champignons émincés et mouiller avec la moitié d'eau de cuisson des moules. Laisser cuire 8 à 10 min. Réserver.

✦ Fariner le plan de travail, puis étaler la pâte au rouleau à pâtisserie. L'enrouler autour du rouleau et la déposer sur le moule. Foncer la pâte dans un cercle ou un moule à tarte de 22 cm de diamètre. Piquer à la fourchette le fond et les contours de la tarte et réserver encore 30 min au frais pour éviter que les bords ne se rétractent.

✦ Préchauffer le four à 160/180 °C (th. 6). Mettre au four la tarte, recouverte d'une feuille de papier et de billes de cuisson, durant 30 min.

✦ Réaliser l'appareil, en mélangeant les œufs entiers légèrement fouettés avec la crème et le lait. Ne surtout pas saler l'appareil car l'eau de cuisson des moules l'est déjà bien assez. Mélanger cet appareil aux moules, champignons, persil ciselé.

✦ Verser cette garniture sur le fond de tarte précuit dont vous avez ôté les billes de cuisson. Répartir harmonieusement les tomates cerises (lavées, essuyées et coupées en deux) et cuire 30 min.

✦ Déguster tiède ou froid avec une salade de mâche.

TARTE AUX RATTES ET MUNSTER

Préparation : 15 min *Cuisson :* 1 h 02

POUR 6 PERSONNES

PÂTE BRISÉE : 200 g de farine ✦ 90 g de beurre demi-sel très froid ✦ 1 œuf ✦ 1 cuillerée à soupe d'eau ✦ 1 pincée de sel (si vous utilisez du beurre doux) ✦ 1 cuillerée à soupe de graines de cumin ✦ **GARNITURE :** 500 g de rattes du Touquet ✦ 300 g de munster ✦ 1 cuillerée à soupe de graines de cumin

✦ Réaliser la pâte à tarte : mélanger la farine tamisée, avec le sel et les graines de cumin. Ajouter le beurre bien froid découpé en petits dés et malaxer afin d'obtenir une pâte sableuse. Verser l'œuf entier battu à la fourchette avec l'eau et mélanger. Ne pas trop travailler la pâte. Réaliser une boule et la réserver 3 h ou toute la nuit, filmée, au réfrigérateur.

✦ Fariner le plan de travail, puis étaler la pâte au rouleau à pâtisserie. L'enrouler autour du rouleau et la déposer sur le moule. Foncer la pâte dans un cercle ou un moule à tarte de 22 cm de diamètre. Piquer à la fourchette le fond et les contours de la tarte et réserver encore 30 min au frais pour éviter que les bords ne se rétractent.

✦ Préchauffer le four à 160/180 °C (th. 6). Mettre au four la tarte, recouverte d'une feuille de papier et de billes de cuisson, durant 25 à 30 min.

✦ Brosser et laver les rattes, les faire cuire 12 min dans une casserole d'eau bouillante non salée. Les égoutter, puis les éplucher et les découper en rondelles.

✦ Ranger les rondelles de rattes sur le fond de la tarte précuite. Débiter le fromage en lamelles, en recouvrir les pommes de terre, puis enfourner pour encore 20 min.

✦ À la sortie du four, saupoudrer de cumin avant de déguster chaud ou tiède, avec une salade verte.

TARTE AUX POIREAUX, TOMATES SÉCHÉES ET NOIX

Préparation : 20 min *Cuisson :* 1 h 10

POUR 6 PERSONNES

PÂTE BRISÉE : *200 g de farine ✦ 90 g de beurre très froid ✦ 1 œuf entier ✦ 1 cuillerée à soupe d'eau ✦ 1 pincée de sel (si vous utilisez du beurre doux) ✦ 1 cuillerée à soupe de persillade déshydratée* ✦ GARNITURE : *3 œufs ✦ 10 cl de crème fraîche liquide ✦ 25 cl de lait ✦ 200 g de blancs de poireau ✦ 40 g de tomates séchées ✦ 2 cuillerées à soupe d'huile d'olive ✦ 30 g d'olives vertes dénoyautées ✦ 1 demi-bouquet d'aneth ✦ 1 gousse d'ail ✦ 30 g de cerneaux de noix ✦ Sel, poivre*

✦ Réaliser la pâte à tarte : mélanger la farine tamisée avec le sel et la persillade. Ajouter le beurre bien froid découpé en petits dés et malaxer afin d'obtenir une pâte sableuse. Verser l'œuf entier battu à la fourchette avec l'eau et mélanger. Ne pas trop travailler la pâte. Réaliser une boule et la réserver 3 h ou toute la nuit, filmée, au réfrigérateur.

✦ Fariner le plan de travail, puis étaler la pâte au rouleau à pâtisserie. L'enrouler autour du rouleau et la déposer sur le moule. Foncer la pâte dans un cercle ou un moule à tarte de 22 cm de diamètre. Piquer à la fourchette le fond et les contours de la tarte et réserver encore 30 min au frais pour éviter que les bords ne se rétractent.

✦ Préchauffer le four à 160/180 °C (th. 6). Mettre au four la tarte, recouverte d'une feuille de papier et de billes de cuisson, durant 30 min.

✦ Laver et émincer les blancs de poireau, puis les faire cuire 7 à 9 min sans colorer dans les deux cuillerées d'huile.

✦ Laver et sécher l'aneth. Émincer les olives vertes et les tomates séchées et éplucher et écraser l'ail. Réaliser un hachis de ces trois ingrédients et les mélanger à la fondue de poireau. Ajouter l'aneth. Ne pas trop saler cette garniture, car les tomates séchées sont souvent bien salées.

✦ Réaliser l'appareil, en mélangeant les œufs entiers légèrement fouettés avec la crème, le lait, une pincée de sel et du poivre. Disposer la fondue de poireau et son hachis sur le fond de tarte précuit dont vous avez ôté les billes de cuisson. Verser l'appareil à quiche sur la garniture et cuire 30 min.

✦ Déguster tiède ou froid avec une salade verte.

TARTE AU FENOUIL ET FETA

Préparation : *15 min* *Cuisson :* *1 h 10*

POUR 6 PERSONNES

PÂTE BRISÉE : *150 g de farine ✦ 50 g de flocons d'avoine ✦ 80 g de beurre très froid ✦ 1 œuf ✦ 1 cuillerée à soupe d'eau ✦ 1 pincée de sel (si vous utilisez du beurre doux) ✦ 1 cuillerée à soupe de graines de sésame* ✦ **GARNITURE :** *3 œufs ✦ 10 cl de crème fraîche liquide ✦ 20 cl de lait ✦ 500 g de fenouil ✦ Le jus d'un citron jaune ✦ 80 g de feta ✦ 2 à 3 brins d'aneth frais ✦ 1 cuillerée à soupe d'amandes effilées ✦ 1 cuillerée à soupe de graines de sésame ✦ Sel, poivre*

✦ Réaliser la pâte à tarte : mélanger la farine tamisée avec le sel, les flocons d'avoine et les graines de sésame. Ajouter le beurre bien froid découpé en petits dés et malaxer du bout des doigts, afin d'obtenir une pâte sableuse. Verser l'eau et l'œuf légèrement battu et mélanger. Ne pas trop travailler la pâte. Réaliser une boule et la réserver 2 à 3 h, filmée, au réfrigérateur.

✦ Découper les bulbes de fenouil en quatre dans le sens de la hauteur et les faire cuire à la vapeur pendant 20 min. Les égoutter et les laisser refroidir avant de les mixer au robot avec le jus de citron. Réserver cette purée de fenouil.

✦ Fariner le plan de travail, puis étaler la pâte à tarte au rouleau à pâtisserie. L'enrouler autour du rouleau et la déposer sur le moule. Foncer la pâte dans un cercle ou un moule à tarte de 22 cm de diamètre. Piquer à la fourchette le fond et les contours de la tarte et la réserver encore 30 min au frais pour éviter que les bords ne se rétractent.

✦ Préchauffer le four à 180 °C (th. 6). Mettre au four la tarte, recouverte d'une feuille de papier et de billes de cuisson, durant 30 min.

✦ Réaliser l'appareil en mélangeant les œufs entiers légèrement fouettés avec la crème, le lait, du sel et du poivre. Mélanger cet appareil à la purée de fenouil. Ajouter la feta émiettée.

✦ Verser cette garniture sur le fond de tarte précuit dont vous avez ôté les billes de cuisson et cuire 30 min.

✦ Dans une poêle à sec, faire griller les amandes effilées. Laver et ciseler l'aneth. À la sortie du four, décorer d'amandes et de peluches d'aneth.

✦ Déguster tiède ou froid avec une salade.

TARTE AU POTIRON, LAIT DE COCO ET CREVETTES

Préparation : 25 min *Cuisson :* 1 h

POUR 6 PERSONNES

PÂTE BRISÉE : *200 g de farine ✦ 90 g de beurre demi-sel très froid ✦ 1 œuf ✦ 1 cuillerée à soupe d'eau ✦ 1 pincée de sel (si vous utilisez du beurre doux)* ✦ **GARNITURE :** *500 g de potiron épluché en gros cubes ✦ 1 oignon ✦ 1 morceau de gingembre frais râpé (soit 1 cuillerée à soupe) ✦ 200 g de crevettes décortiquées surgelées ✦ Le zeste d'un citron jaune ✦ 6 à 8 brins de coriandre fraîche ✦ 3 œufs ✦ 20 cl de lait de coco ✦ Sel, poivre du moulin*

✦ Réaliser la pâte à tarte : mélanger la farine tamisée avec une pincée de sel. Ajouter le beurre bien froid découpé en petits dés et malaxer du bout des doigts, afin d'obtenir une pâte sableuse. Verser l'œuf entier battu à la fourchette avec l'eau et mélanger. Ne pas trop travailler la pâte. Réaliser une boule et la réserver 2 à 3 h, filmée, au réfrigérateur.

✦ Éplucher et détailler en gros cubes le potiron et l'oignon. Les faire cuire à la vapeur 10 min, puis les laisser refroidir dans une passoire pour égoutter. Presser avec une écumoire pour ôter le maximum d'eau.

✦ Faire griller à sec, c'est-à-dire sans matière grasse, les crevettes décongelées dans une poêle bien chaude. Réserver dans un saladier. Mélanger avec le zeste du citron jaune et la coriandre fraîche lavée et émincée.

✦ Fariner le plan de travail, puis étaler la pâte au rouleau à pâtisserie.

✦ Enrouler la pâte autour du rouleau et la déposer sur le moule. Foncer la pâte dans un cercle ou un moule à tarte de 22 cm de diamètre. Piquer à la fourchette le fond et les contours de la tarte et réserver encore 30 min au frais pour éviter que les bords ne se rétractent.

✦ Préchauffer le four à 160/180 °C (th. 6).

✦ Mettre au four la tarte, recouverte d'une feuille de papier et de billes de cuisson, durant 30 min.

✦ Mixer le potiron et l'oignon. Ajouter le gingembre frais râpé, les crevettes au citron, assaisonner. Fouetter légèrement les œufs, puis les mélanger au lait de coco. Ajouter une pincée de sel et du poivre avant de mélanger à la purée de potiron les crevettes.

✦ Verser cette garniture sur le fond de tarte précuit dont vous avez ôté les billes de cuisson, et cuire 30 min.

✦ Déguster tiède ou froid avec une salade verte.

TARTE TUTTI LÉGUMES

Préparation : 15 min *Cuisson :* 1 h 10

POUR 6 PERSONNES

PÂTE À TARTE : 180 g de farine ✦ 90 g de beurre très froid en dés ✦ 1 œuf ✦ 80 g de parmesan râpé ✦ 1 cuillerée à soupe d'eau ✦ 1 cuillerée à soupe de coriandre en grains concassée ✦ Sel, poivre du moulin ✦ GARNITURE : 1 demi-poivron rouge ✦ 1 demi-bulbe de fenouil ✦ 1 aubergine ✦ 1 courgette ✦ 2 à 3 oignons botte ✦ 150 g de tomates cerises ✦ 100 g de champignons ✦ 1 cuillerée à café de paprika fumé ✦ 1 avocat ✦ Le jus d'un citron jaune ✦ 3 cuillerées à soupe de yaourt grec ✦ 1 cuillerée à soupe d'huile d'olive ✦ 1 pincée de sel ✦ Poivre du moulin

✦ Réaliser la pâte à tarte : dans un saladier, mélanger la farine, une pincée de sel, les graines de coriandre et le parmesan. Ajouter le beurre et malaxer du bout des doigts, afin d'obtenir une pâte sableuse. Fouetter l'œuf avec l'eau et l'ajouter à la pâte. Ne pas trop travailler la pâte. Réaliser une boule et la réserver 1 à 2 h au réfrigérateur.

✦ Laver, éplucher et détailler en rondelles les légumes. Les faire précuire dans deux poêles pendant 10 à 12 min à l'exception des tomates cerises : les oignons, poivrons, fenouil dans la première, les courgettes, aubergines, champignons dans la seconde.

✦ Fariner le plan de travail, puis étaler la pâte au rouleau à pâtisserie. Enrouler la pâte autour du rouleau et la déposer sur le moule. Foncer la pâte dans un cercle ou un moule à tarte de 22 cm de diamètre. Piquer à la fourchette le fond et les contours de la tarte et réserver encore 30 min au frais pour éviter que les bords ne se rétractent.

✦ Préchauffer le four à 160/180 °C (th. 6). Mettre au four la tarte, recouverte d'une feuille de papier et de billes de cuisson, durant 30 min.

✦ Mélanger délicatement les légumes précuits, saupoudrer de paprika fumé, saler, poivrer. Verser cette garniture sur le fond de tarte précuit dont vous avez ôté les billes de cuisson. Disposer les tomates cerises et cuire 30 min.

✦ Réaliser la sauce : dans le bol du mixeur, verser l'avocat épluché et détaillé en cubes, le jus du demi-citron, trois cuillerées à soupe de yaourt grec, une cuillerée à soupe d'huile d'olive, une pincée de sel et un tour de moulin de poivre.

✦ Déguster tiède ou froid avec une salade verte.

TOURTE FORESTIÈRE AU LAPIN

Préparation : 25 min Cuisson : 45 min

POUR 4 PERSONNES

1 pâte feuilletée ✦ GARNITURE : 400 g de filet de lapin ✦ 400 g de champignons mélangés frais ou surgelés ✦ 3 oignons blancs nouveaux ✦ 1 gousse d'ail ✦ 4 brins de cerfeuil ✦ 15 brins de ciboulette ✦ 10 cl de vin blanc sec ✦ 10 cl de bouillon de volaille ✦ 3 cuillerées à soupe de vinaigre de balsamique ✦ 1 jaune d'œuf ✦ 2 cuillerées à soupe de crème fraîche liquide ✦ 2 cuillerées à soupe d'huile d'olive ✦ 1 à 2 cuillerées à café de graines de pavot ✦ Sel, poivre du moulin

✦ Couper la viande en petits morceaux. Dans une poêle, faire chauffer une cuillerée à soupe d'huile d'olive, et faire dorer la viande 6 à 8 min. Déglacer la poêle avec les trois cuillerées à soupe de vinaigre balsamique. Laisser réduire, puis ajouter la crème fraîche. Réserver avec la viande.

✦ Éplucher les oignons et l'ail et les émincer. Laver et émincer le cerfeuil et la ciboulette.

✦ Préchauffer le four à 180 °C (th. 6).

✦ Nettoyer les champignons. Dans une sauteuse, faire suer les oignons et l'ail. Ajouter les champignons entiers s'ils sont petits ou détaillés en morceaux pour les plus gros. Arroser du vin blanc et laisser cuire 6 à 7 min : il doit rester un peu de liquide, mais pas trop. Saupoudrer de cerfeuil. Mélanger avec les viandes.

✦ Garnir quatre ramequins (bols) de la préparation. Arroser de bouillon de volaille.

✦ Découper quatre cercles dans la pâte feuilletée légèrement plus grands que le diamètre des ramequins. Les placer sur les bols. Presser le bord du bout des doigts pour faire adhérer la pâte à la porcelaine. Dorer avec le jaune d'œuf fouetté avec une cuillerée à soupe d'eau. Saupoudrer de graines de pavot. Cuire 30 min.

✦ Déguster bien chaud.

TOURTE ARDENNAISE AUX TROIS VIANDES

Préparation : 25 min *Cuisson :* 1 h 20

POUR 6 PERSONNES

1 pâte feuilletée ✦ PÂTE BRISÉE : 200 g de farine ✦ 90 g de beurre très froid ✦ 1 œuf ✦ 1 cuillerée à soupe d'eau ✦ 1 pincée de sel ✦ 1 cuillerée à soupe de graines de pavot ✦ GARNITURE : 300 g de veau ✦ 300 g de filet mignon de porc ✦ 300 g de filet de lapin ✦ 10 grains de poivre noir ✦ 5 baies de genièvre ✦ 3 oignons ✦ 3 gousses d'ail ✦ 1 bouteille de vin blanc sec (Riesling ou Pinot) ✦ 3 feuilles de laurier ✦ 1 branche de romarin ✦ 1 brin de thym ✦ 1 jaune d'œuf pour la dorure ✦ Sel, poivre du moulin

LA VEILLE

✦ Découper les trois viandes en très petits dés (elle conserve ainsi davantage de saveur que lorsqu'elle est hachée). Éplucher les oignons et les émincer. Éplucher et écraser l'ail.

✦ Disposer le tout dans un saladier avec le thym, le romarin, l'ail, les oignons, les grains de poivre et les baies de genièvre. Mouiller avec le vin blanc, assaisonner en sel et poivre, filmer et réserver au frais toute une nuit.

LE JOUR MÊME

✦ Réaliser la pâte à tarte : mélanger la farine tamisée avec le sel et les graines de pavot. Ajouter le beurre bien froid découpé en petits dés et malaxer du bout des doigts afin d'obtenir une pâte sableuse. Verser l'œuf entier battu à la fourchette avec l'eau et mélanger. Ne pas trop travailler la pâte. Réaliser une boule et la réserver 2 à 3 h, filmée, au réfrigérateur.

✦ Fariner le plan de travail, puis étaler la pâte à tarte au rouleau à pâtisserie. L'enrouler autour du rouleau et la déposer sur le moule. Foncer la pâte dans un cercle ou un moule à tarte de 22 cm de diamètre. Piquer à la fourchette le fond et les contours de la tarte et la réserver encore 30 min au frais pour éviter que les bords ne se rétractent.

✦ Préchauffer le four à 180 °C (th. 6).

✦ Mettre au four la tarte recouverte, d'une feuille de papier et de billes de cuisson, durant 30 min.

✦ Égoutter la viande. Ôter la branche de romarin, le thym et les baies de genièvre.

✦ Déposer cette farce à la viande sur le fond de tarte précuite duquel vous avez ôté les billes de cuisson. Ajouter une à deux cuillerées de marinade sur les viandes et disposer le cercle de pâte feuilletée sur la tourte. Bien rabattre les rebords et souder en appuyant avec le bout des doigts pour faire adhérer. Dorer avec le jaune d'œuf fouetté avec une cuillerée à soupe d'eau. Cuire 50 min.

✦ Déguster bien chaud.

TOURTE ANGLAISE AU BACON ET POULET

Préparation : 20 min *Cuisson :* 40 min

POUR 6 PERSONNES

PÂTE BRISÉE : *200 g de farine ✦ 80 g de beurre demi-sel ✦ 1 œuf ✦ 1 cuillerée à soupe d'eau ✦ 1 pincée de sel (si vous utilisez du beurre doux)* ✦ GARNITURE : *3 oignons botte nouveaux ✦ 2 gousses d'ail ✦ 50 g de bacon ✦ 230 g de blanc de poulet ✦ 600 g de carottes en purée ✦ 120 g de champignons de paris ✦ 1 cuillerée à soupe de cognac ✦ 2 œufs ✦ 100 g de fromage Philadelphia ✦ 30 g de noisettes ✦ Sel, poivre du moulin ✦ Huile d'olive*

✦ Réaliser la pâte à tarte : mélanger la farine tamisée avec le sel. Ajouter le beurre bien froid découpé en petits dés et malaxer du bout des doigts, afin d'obtenir une pâte sableuse. Verser l'œuf entier battu à la fourchette avec l'eau et mélanger. Ne pas trop travailler la pâte. Réaliser une boule et la réserver 2 à 3 h, filmée, au réfrigérateur.

✦ Fariner le plan de travail, puis étaler la pâte au rouleau à pâtisserie. Réaliser deux cercles de taille identique. Enrouler autour du rouleau un premier cercle et le déposer sur le moule. Foncer la pâte dans un cercle ou un moule à tarte de 22 cm de diamètre. Piquer à la fourchette le fond et les contours de la tarte et la réserver encore 30 min au frais pour éviter que les bords ne se rétractent.

✦ Préchauffer le four à 180 °C (th. 6). Mettre au four la tarte, recouverte d'une feuille de papier et de billes de cuisson, durant 30 min.

✦ Préchauffer le four à 200 °C (th. 6/7).

✦ Laver, éplucher et détailler en rondelle les carottes. Les faire cuire à la vapeur 20 min.

✦ Éplucher et émincer les oignons et l'ail. Nettoyer et émincer les champignons. Détailler en petits cubes le blanc de poulet.

✦ Faire cuire les champignons avec l'ail et les oignons émincés dans une poêle pendant 8 min. Arroser de cognac, puis ajouter le bacon et les dés de poulet. Poursuivre la cuisson 5 min. Réserver dans une assiette.

✦ Mixer les carottes. Arroser du jus de citron. Verser cette purée à la préparation de viande.

✦ Dans un bol, mélanger le fromage Philadelphia, l'œuf et les noisettes grossièrement concassées. Mélanger à la garniture de la tourte.

✦ Verser cette garniture sur le fond de tarte précuit dont vous avez ôté les billes de cuisson. Recouvrir avec le second fond de pâte. Rabattre les bords de la tourte pour souder la pâte. Réaliser une fente au centre de la tourte et la dorer avec un œuf battu. Saupoudrer de graines de pavot et cuire pour 35 min.

✦ Déguster bien chaud avec une salade verte.

Tartes sucrées

TARTE FINE À LA FRAISE

Préparation : 15 min *Cuisson :* 40 min

POUR 6 PERSONNES

PÂTE BRISÉE : *200 g de farine,* ✦ *100 g de beurre bien froid (50 g de beurre demi-sel, 50 g de beurre doux)* ✦ *40 g de sucre en poudre* ✦ *1 œuf* ✦ *1 cuillerée d'eau* ✦ *Le zeste d'un citron* ✦ GARNITURE : *2 cuillerées à café d'eau* ✦ *1 poignée de dragées* ✦ *300 g de fraises* ✦ *2 cuillerées à soupe de confiture de fraises*

✦ Tamiser la farine et la verser sur un plan de travail propre. Réaliser une fontaine. Ajouter le sucre et le zeste du citron. Détailler le beurre en petits morceaux. Mélanger du bout des doigts avec la farine pour obtenir une consistance sableuse. Verser l'eau et l'œuf entier battu en omelette et mélanger sans pétrir pour ne pas rendre la pâte élastique. Quand la pâte ne colle plus au plan de travail, réaliser une boule, filmer et réserver au frais 1 à 2 h.

✦ Fariner le plan de travail, puis étaler la pâte au rouleau à pâtisserie. L'enrouler autour du rouleau et la déposer sur le moule. Foncer la pâte dans un cercle ou un moule à tarte de 22 cm de diamètre. Piquer à la fourchette le fond et les contours de la tarte et réserver encore 30 min au frais pour éviter que les bords ne se rétractent. Concasser grossièrement les dragées, et les disposer sur le fond de la tarte.

✦ Préchauffer le four à 160/180 °C (th. 6). Mettre au four la tarte, recouverte d'une feuille de papier et de billes de cuisson, durant 25 min.

✦ Laver et équeuter les fraises. Les détailler en fines tranches dans le sens de la hauteur et les disposer sur le fond de tarte précuit.

✦ Faire chauffer la confiture dans une casserole, en déposer une couche au pinceau sur les fraises.

✦ Cuire au four 10 à 15 min.

✦ Laisser refroidir et déguster tiède ou froid.

TARTE AUX QUETSCHES D'ALSACE

Préparation : 15 min Cuisson : 50 min

POUR 6 PERSONNES

PÂTE SABLÉE : *200 g de farine* ✦ *140 g de beurre (70 g de beurre demi-sel, 70 g de beurre doux)* ✦ *40 g de sucre semoule* ✦ GARNITURE : *2 cuillerées à soupe de poudre d'amandes* ✦ *1 cuillerée à soupe de cassonade* ✦ *800 g de quetsches* ✦ *1 cuillerée à café de cannelle en poudre*

✦ Réaliser la pâte de la tarte : mélanger la farine tamisée, le sucre et le beurre bien froid découpé en petits dés, du bout des doigts. Vous obtenez une pâte sableuse qu'il ne faut pas trop travailler. Réaliser une boule et la laisser reposer au frais 1 h, idéalement 2 h.
✦ Préchauffer le four à 160/180 °C (th. 6).
✦ Étaler la pâte dans le moule à tarte, de manière assez épaisse pour donner l'idée d'un sablé. Réserver au frais encore 30 min. Faire cuire ce fond à blanc pendant 30 min, c'est-à-dire sans garniture avec des billes de cuisson pour éviter que la pâte ne gonfle.
✦ Laver et essuyer les fruits, les découper en étoile, en quatre, en gardant un point d'attache des quartiers à la base du fruit, de sorte qu'elles forment une fleur, et ôter les noyaux. Ainsi elles se videront moins de leur jus lors de la cuisson.
✦ Sortir le fond de tarte du four et saupoudrer la poudre d'amandes avant de placer les prunes en position verticale (la partie encore attachée au-dessous).
✦ Saupoudrer de sucre cassonade et de cannelle sur les fruits et cuire 15 à 20 min.
✦ Laisser refroidir avant de déguster.

TARTE AUX NOIX DE PÉCAN ET SIROP D'ÉRABLE

Préparation : 15 min *Cuisson :* 1 h

POUR 6 PERSONNES

PÂTE BRISÉE : *200 g de farine ✦ 100 g de beurre demi-sel très froid ✦ 20 g de sucre ✦ 3 cuillerées à soupe d'eau* ✦ GARNITURE : *60 g de beurre fondu ✦ 80 g de vergeoise (sucre roux) ✦ 15 cl de sirop d'érable ✦ 2 œufs ✦ 200 g de noix de pécan*

✦ Réaliser la pâte à tarte : mélanger la farine, le sucre et le beurre découpé en petits dés du bout des doigts. Ajouter l'eau. Vous obtenez un mélange sableux. Ne pas trop travailler la pâte. Réaliser une boule, la filmer et la laisser reposer au frais 1 h, idéalement 3 h.

✦ Fariner le plan de travail, puis étaler la pâte au rouleau à pâtisserie. L'enrouler autour du rouleau et la déposer sur le moule. Foncer la pâte dans un cercle ou un moule à tarte de 22 cm de diamètre. Piquer à la fourchette le fond et les contours de la tarte et réserver encore 30 min au frais pour éviter que les bords ne se rétractent.

✦ Préchauffer le four à 160/180 °C (th. 6). Mettre au four la tarte, recouverte d'une feuille de papier et de billes de cuisson, durant 30 min.

✦ Réaliser l'appareil, en battant le beurre, la vergeoise, et le sirop d'érable pendant 3 à 4 min. Sans arrêter de battre, ajouter les œufs entiers. Utiliser un robot si besoin.

✦ Disposer sur le fond de la tarte précuite, dont vous avez ôté les billes de cuisson, les noix de pécan de manière uniforme, puis verser la préparation de la garniture. Cuire 30 min.

✦ Déguster tiède ou froid avec une quenelle de crème fraîche ou un peu de crème anglaise.

TATIN DE FIGUES

Préparation : 15 min *Cuisson :* 38 min

POUR 6 PERSONNES

1 pâte feuilletée ✦ GARNITURE : 10 à 12 figues selon la grosseur (soit 800 g environ) ✦ 100 g de sucre roux ✦ 1 cuillerée à soupe de beurre salé ✦ 2 cuillerées à soupe de sauce soja sucrée ✦ 2 à 3 cuillerées à soupe de jus d'orange

✦ Préchauffer le four à 210 °C (th. 7).

✦ Laver, essuyer et ouvrir les figues en entaillant en croix en partant du haut du fruit sans aller jusqu'au bas pour ne pas séparer complètement les quartiers.

✦ Dans un moule à manqué ou une poêle à revêtement antiadhésif, réaliser un caramel avec le sucre, le beurre et le jus d'orange. Ajouter la sauce soja et laisser cuire 2 min.

✦ Disposer les figues entières en rosace dans le fond du plat à manqué. Recouvrir de la pâte feuilletée en rabattant les bords à l'intérieur du moule. Cuire 30 min.

✦ Sortir du four et démouler sur une assiette de présentation.

✦ Déguster avec une boule de glace ou de la crème fraîche épaisse.

TARTELETTES MIRABELLES MIRLITON

Préparation : 20 min *Cuisson :* 30 min

POUR 6 PERSONNES

1 rouleau de pâte feuilletée ✦ GARNITURE : 600 g de mirabelles ✦ Le jus d'un demi-citron jaune ✦ 30 g de sucre ✦ 20 g de beurre ✦ CRÈME MIRLITON : 20 g de beurre ✦ 20 g de sucre ✦ 20 g de poudre d'amande ✦ 1 œuf ✦ 2 cuillerées à soupe de crème fleurette

✦ Préchauffer le four à 200 °C (th. 6/7).

✦ Laver, découper et dénoyauter les mirabelles. Arroser du jus de citron.

✦ Dans une poêle, faire fondre les 20 g de beurre, puis jeter les oreillons de mirabelles. Saupoudrer des 30 g de sucre. Laisser colorer pendant quelques minutes avant de réserver sur une assiette.

✦ Réaliser quatre cercles de 16 cm environ dans la pâte. Avec une fourchette, la piquer avant de répartir les fruits pochés dessus en laissant un pourtour d'un demi-centimètre sans mirabelles.

✦ Mettre au four rapidement durant 15 à 20 min. Sortir et réserver.

✦ Réaliser la crème mirliton : mélanger le beurre, le sucre, la poudre d'amande, la crème et l'œuf. En verser quelques cuillerées sur chaque tartelette et passer sous le gril 4 à 5 min. Déguster tiède.

TATIN DE POIRES ET SIROP D'ÉRABLE

Préparation : 20 min *Cuisson :* 35 min

POUR 6 PERSONNES

PÂTE SUCRÉE : *200 g de farine* ✦ *30 g de sucre semoule* ✦ *100 g de beurre bien froid* ✦ *1 œuf entier* ✦ *1 cuillerée à soupe d'eau* ✦ GARNITURE : *1 kg de poires Williams rouges* ✦ *12 à 15 cl de sirop d'érable*

✦ Réaliser la pâte à tarte : mélanger la farine tamisée, le sucre et le beurre découpé en petits dés du bout des doigts, afin d'obtenir une pâte sableuse. Verser l'œuf entier battu à la fourchette avec l'eau et mélanger. Ne pas trop travailler la pâte. Réaliser une boule, la filmer et la laisser reposer au frais au moins 1 h, idéalement 3 h.

✦ Éplucher les poires, ôter les pépins. Les couper en deux dans le sens de la hauteur.

✦ Dans le fond du moule à tarte, répartir le sirop d'érable avant de déposer les demi-poires côté bombé sur la tôle. Faire dorer les poires quelques minutes pour leur donner une coloration légère.

✦ Préchauffer le four à 200 °C (th. 7). Fariner le plan de travail, puis étaler la pâte au rouleau à pâtisserie. L'enrouler autour du rouleau et la déposer sur les fruits en la soudant bien aux bords du moule et cuire 30 à 35 min.

✦ À la sortie du four, procéder au démoulage : retourner le moule sur une grande assiette de présentation et laisser le sirop d'érable imprégner le fond de tarte.

✦ Déguster tiède ou froid avec une boule de glace ou un peu de mascarpone. Vous pouvez aussi décorer votre tarte de quelques brins de romarin, lequel se marie très bien avec le sirop d'érable.

TARTE AUX FRAMBOISES

Préparation : 15 min **Cuisson :** 1 h

POUR 4 PERSONNES

PÂTE SUCRÉE : 200 g de farine ✦ 140 g de beurre (70 g de beurre demi-sel, 70 g de beurre doux) ✦ 40 g de sucre semoule ✦ **GARNITURE :** 20 cl de crème fleurette entière ✦ 30 g de sucre glace ✦ 350 à 400 g de framboises (selon la taille)

✦ Réaliser la pâte à tarte : mélanger la farine tamisée, le sucre et le beurre bien froid découpé en petits dés, du bout des doigts. Vous obtenez une pâte sableuse qu'il ne faut pas trop travailler. Réaliser une boule, la filmer et la laisser reposer au frais au moins 1 h, idéalement 2 h.

✦ Préchauffer le four à 160 °C (th. 5/6). Étaler la pâte dans le moule à tarte, de manière assez épaisse pour donner l'idée d'un sablé. Faire cuire ce fond à blanc, c'est-à-dire sans garniture avec des billes de cuisson pour éviter que la pâte ne gonfle, durant 50 à 60 min.

✦ Préparer la chantilly : fouetter au batteur la crème (attention, pas de crème allégée ! C'est la matière grasse qui fait que la chantilly prend), puis ajouter le sucre glace.

✦ Étaler la crème sur le fond de la tarte refroidie, puis ranger les framboises les pointes vers le haut.

✦ Conserver au frais jusqu'à la dégustation. Décorer de feuille de menthe ou saupoudrer de poudre de coco, qui se marie très bien avec les framboises.

TARTE POMMES RÂPÉES EN CRUMBLE

Préparation : 30 min *Cuisson :* 1 h 05

POUR 6 PERSONNES

PÂTE BRISÉE : *100 g de farine bise ✦ 100 g de farine de sarrasin ✦ 2 sachets de sucre vanillé ✦ 80 g de beurre bien froid ✦ 1 œuf entier ✦ 1 cuillerée à soupe d'eau* ✦ **GARNITURE :** *4 pommes soit 650 g environ ✦ 30 g de cassonade corsée de l'île Maurice ✦ 1 demi-cuillerée à café de cannelle* ✦ **CRUMBLE :** *100 g de cassonade corsée de l'île Maurice ✦ 100 g de beurre ✦ 80 g de farine ✦ 80 g de flocons d'avoine ✦ Le zeste d'une demi-orange*

✦ Réaliser la pâte à tarte : mélanger les deux farines, le sucre vanillé et ajouter le beurre froid découpé en petits morceaux. Malaxer du bout des doigts rapidement avant d'incorporer l'œuf légèrement battu avec la cuillerée d'eau. Réaliser une boule, la filmer et la laisser reposer au frais au moins 2 h.

✦ Réaliser la pâte à crumble : mélanger le beurre, le sucre, puis ajouter la farine et les flocons d'avoine. Mélanger du bout des doigts pour obtenir une pâte sableuse. Réserver cette préparation au frais pendant 1 h.

✦ Fariner le plan de travail, puis étaler la pâte sucrée au rouleau à pâtisserie. L'enrouler autour du rouleau et la déposer sur le moule. Foncer la pâte dans un cercle ou un moule à tarte de 22 cm de diamètre. Piquer à la fourchette le fond et les contours de la tarte et réserver encore 30 min au frais pour éviter que les bords ne se rétractent.

✦ Préchauffer le four à 160/180 °C (th. 6). Mettre la tarte, recouverte d'une feuille de papier et de billes de cuisson, durant 30 min.

✦ Éplucher et vider les pommes. Les râper, et les verser dans un saladier. Les mélanger aux 30 g de cassonade et à la cannelle. Étaler les pommes râpées sur le fond de tarte, émietter la pâte à crumble sur toute la surface et cuire environ 35 min.

✦ Déguster tiède ou froid.

TARTELETTE AU CITRON

Préparation : 30 min *Cuisson :* 1 h

POUR 6 PERSONNES

PÂTE BRISÉE : *200 g de farine ✦ 125 g de beurre ✦ 20 g de sucre ✦ 2 à 3 cuillerées à soupe d'eau* ✦ GARNITURE : *150 g de sucre ✦ 3 œufs entiers ✦ 10 cl de jus de citron ✦ Le zeste de 2 citrons jaunes ✦ 100 g de beurre en dés*

✦ Réaliser la pâte à tarte, mélanger la farine, le sucre et le beurre découpé en petits dés du bout des doigts. Ajouter l'eau. Vous obtenez un mélange sableux. Ne pas trop travailler la pâte. Réaliser une boule, la filmer et la laisser reposer au frais au moins 1 h, idéalement 3 h.
✦ Fariner le plan de travail, puis étaler la pâte au rouleau à pâtisserie. L'enrouler autour du rouleau et la déposer sur le moule. Foncer la pâte dans un cercle ou un moule à tarte de 22 cm de diamètre. Piquer à la fourchette le fond et les contours de la tarte et réserver encore 30 min au frais pour éviter que les bords ne se rétractent.
✦ Préchauffer le four à 160/180 °C (th. 6). Mettre au four la tarte, recouverte d'une feuille de papier et de billes de cuisson, durant 40 à 50 min.
✦ Pendant ce temps, réaliser le Lemon curd : mélanger le sucre et le zeste des deux citrons. Ajouter les œufs en les fouettant comme une omelette puis le jus de citron. Faire cuire au bain-marie 10 à 12 min en remuant constamment.
✦ Hors du feu, ajouter le beurre en dés et laisser refroidir, puis réserver 2 à 3 h au réfrigérateur.
✦ Verser sur le fond de tarte frais et déguster.

Vous pouvez remplacer le jus de citron par du jus de yuzu, un agrume japonais très citronné. C'est délicieux.

TARTE AUX ABRICOTS ET CALISSONS DE PROVENCE

Préparation : 20 min Cuisson : 1 h

POUR 6 PERSONNES

PÂTE BRISÉE : 200 g de farine ✦ 125 g de beurre très froid (65 g de beurre demi-sel, 60 g de beurre doux) ✦ 20 g de sucre ✦ 3 cuillerées à soupe d'eau ✦ GARNITURE : 500 g d'abricots ✦ 50 g de sucre roux ✦ 6 calissons de Provence ✦ 10 cl de crème fleurette ✦ Quelques fleurs de lavande

✦ Réaliser la pâte à tarte : mélanger la farine tamisée, le sucre et le beurre découpé en petits dés, du bout des doigts. Ajouter l'eau. Vous obtenez un mélange sableux. Ne pas trop travailler la pâte. Réaliser une boule, la filmer et la laisser reposer au frais au moins 1 h, idéalement 3 h.
✦ Fariner le plan de travail, puis étaler la pâte au rouleau à pâtisserie. L'enrouler autour du rouleau et la déposer sur le moule. Foncer la pâte dans un cercle ou un moule à tarte de 22 cm de diamètre. Piquer à la fourchette le fond et les contours de la tarte et réserver encore 30 min au frais pour éviter que les bords ne se rétractent.
✦ Préchauffer le four à 160/180 °C (th. 6). Mettre au four la tarte, recouverte d'une feuille de papier et de billes de cuisson, durant 30 min.
✦ Laver les abricots, les couper en deux et ôter les noyaux.
✦ Réaliser la crème de calissons : découper les calissons en petits morceaux, les mélanger à la crème et passer cette préparation au mixeur.
✦ Verser cette crème sur le fond de tarte précuit dont vous avez ôté les billes de cuisson, disposer dessus les oreillons d'abricots. Saupoudrer de sucre et cuire 30 min. Les abricots doivent être dorés.
✦ Saupoudrer de fleurs de lavande avant de déguster tiède ou froid.

TOURTE AUX FRAMBOISES OU TARTE DE LINZER

Préparation : 15 min *Cuisson :* 1 h 15

POUR 6 PERSONNES

PÂTE SUCRÉE : *200 g de farine ✦ 100 g de beurre très froid (50 g de beurre doux, 50 g de beurre salé) ✦ 30 g de sucre ✦ 3 cuillerées à soupe d'eau* ✦ GARNITURE : *300 g de framboises ✦ 1 clou de girofle ✦ 120 g de sucre ✦ Le jus d'un citron ✦ 1 jaune d'œuf pour la dorure*

✦ Réaliser la pâte à tarte : mélanger la farine tamisée, le sucre et le beurre découpé en petits dés du bout des doigts. Ajouter l'eau. Vous obtenez un mélange sableux. Ne pas trop travailler la pâte. Réaliser une boule, la filmer et la laisser reposer au frais au moins 1 h, idéalement 3 h.

✦ Fariner le plan de travail, puis étaler la pâte au rouleau à pâtisserie. L'enrouler autour du rouleau et la déposer sur le moule. Foncer la pâte dans un cercle ou un moule à tarte de 22 cm de diamètre. Piquer à la fourchette le fond et les contours de la tarte et réserver encore 30 min au frais pour éviter que les bords ne se rétractent. Réaliser des bandes avec le reste de la pâte.

✦ Préchauffer votre four à 160/180 °C (th. 6). Mettre au four la tarte recouverte, d'une feuille de papier et de billes de cuisson, durant 30 min.

✦ Réaliser la compotée de framboises : dans une casserole, faire cuire pendant 10 à 15 min les framboises avec le clou de girofle, le jus du citron et le sucre. Passer au chinois la compote avant qu'elle ne refroidisse si vous voulez éliminer les petits grains des framboises.

✦ Verser cette garniture refroidie sur le fond de tarte précuit dont vous avez ôté les billes de cuisson. Décorer le dessus de la tarte avec les lanières de pâte en croisillons. Badigeonner de jaune d'œuf battu avec un peu d'eau pour la dorure et cuire 30 min.

✦ Déguster tiède ou froid avec une boule de glace ou une cuillerée de crème fraîche épaisse pour trancher avec l'acidité des framboises cuites.

APPLE PIE AUX SAVEURS ASIATIQUES

Préparation : 25 min *Cuisson :* 1 h 10

POUR 6 PERSONNES

PÂTE SUCRÉE : 200 g de farine ✦ 100 g de beurre très froid ✦ 40 g de sucre ✦ 30 g de poudre d'amandes ✦ 3 à 4 cuillerées à soupe d'eau ✦ GARNITURE : 4 pommes acidulées ✦ 3 bâtons de citronnelle ✦ 1 cuillerée à café de gingembre frais râpé ✦ 1 pincée de noix de muscade ✦ 2 cuillerées à soupe de sucre roux ✦ 40 g de raisins secs ✦ 3 cuillerées à soupe de jus d'orange ✦ 1 jaune d'œuf + 1 œuf entier pour la dorure

✦ Faire tremper les raisins secs avec le jus d'orange pendant 1 h. Réserver.

✦ Réaliser la pâte à tarte : mélanger la farine tamisée, le sucre, la poudre d'amandes et le beurre découpé en petits dés du bout des doigts. Vous obtenez un mélange sableux auquel vous ajoutez l'eau. Ne pas trop travailler la pâte. Réaliser une boule, la filmer et la laisser reposer au frais au moins 1 h, idéalement 3 h.

✦ Fariner le plan de travail, puis étaler la pâte au rouleau à pâtisserie. Réaliser deux cercles. Enrouler un premier disque de pâte autour du rouleau et le déposer dans le moule. Foncer la pâte dans un cercle ou un moule à tarte de 22 cm de diamètre. Piquer à la fourchette le fond et les contours de la tarte et réserver encore 30 min au frais pour éviter que les bords ne se rétractent. Réserver le second cercle sur une feuille de papier de cuisson.

✦ Préchauffer le four à 160/180 °C (th. 6). Mettre au four la tarte, recouverte d'une feuille de papier et de billes de cuisson, durant 30 min.

✦ Éplucher les pommes et les couper en petits dés. Ajouter le gingembre râpé, le sucre roux, les raisins avec le jus d'orange, la noix de muscade et les bâtons de citronnelle épluchés et émincés. Bien mélanger. Faire cuire pendant 10 min en compote, puis laisser refroidir.

✦ Verser cette compote sur le fond de tarte précuit dont vous avez ôté les billes de cuisson. Réaliser des petits cœurs avec un emporte-pièce dans le second disque de pâte. Étaler ces cœurs sur le dessus de votre apple pie en appuyant pour les souder entre eux. Dorer au jaune d'œuf, puis saupoudrer de graines de sésame et cuire 30 min.

✦ Déguster tiède ou froid saupoudré de sucre glace.

TOURTES AUX GRIOTTES

Préparation : 25 min *Cuisson :* 1 h 10

POUR 6 PERSONNES

PÂTE BRISÉE : *200 g de farine* ✦ *125 g de beurre très froid (65 g de beurre demi-sel et 60 g de beurre doux)* ✦ *30 g de sucre* ✦ *2 cuillerées à soupe d'eau* ✦ **GARNITURE :** *400 g de griottes dénoyautées au sirop (en bocal)* ✦ *2 cuillerées à café d'épices pour pain d'épice* ✦ *1 cuillerée à soupe de cassonade* ✦ *1 jaune d'œuf pour la dorure*

✦ Réaliser la pâte à tarte : mélanger la farine tamisée, le sucre en poudre et le beurre bien froid découpé en petits dés, du bout des doigts. Ajouter l'eau. Vous obtenez une pâte sableuse qu'il ne faut pas trop travailler. Réaliser une boule, la filmer et la laisser reposer au frais au moins 1 h, idéalement 2 h.

✦ Fariner le plan de travail, puis étaler la pâte au rouleau à pâtisserie. Réaliser deux disques, dont l'un doit être un peu plus grand que l'autre. Enrouler la pâte du disque le plus petit autour du rouleau et la déposer sur le moule. Foncer la pâte dans un cercle ou un moule à tarte de 20 cm de diamètre. Piquer à la fourchette le fond et les contours de la tarte et réserver encore 30 min au frais pour éviter que les bords ne se rétractent.

✦ Préchauffer le four à 160/180 °C (th. 6). Mettre au four la tarte, recouverte d'une feuille de papier et de billes de cuisson, durant 30 min. Réserver le second disque de pâte au frais.

✦ Réaliser la compote de cerises : dans une casserole, faire compoter les cerises égouttées avec 5 cl de jus, les épices pour pain d'épice et la cassonade pendant 10 min. Laisser refroidir.

✦ Verser cette garniture sur le fond de tarte précuit dont vous avez ôté les billes de cuisson et recouvrir du second cercle de pâte. Bien souder les bords de la tourte à l'aide d'un pinceau trempé dans un peu d'eau. Dorer le dessus de la tourte au jaune d'œuf et cuire 30 min. Vous pouvez réaliser de mini-tourtes avec des moules à muffins, comme sur la photo.

✦ Déguster tiède ou froid.

TOURTE DES VENDANGES

Préparation : 25 min *Cuisson :* 1 h 10

POUR 6 PERSONNES

PÂTE SUCRÉE : *200 g de farine ✦ 125 g de beurre très froid (65 g de beurre demi-sel, 60 g de beurre doux) ✦ 20 g de sucre ✦ 2 cuillerées à soupe d'eau ✦ 1 cuillerée à soupe de pistaches non salées concassées* ✦ **GARNITURE :** *1 kg à 1,2 kg de raisin blanc et noir ✦ 20 g de beurre ✦ 1 cuillerée à café de miel ✦ 2 cuillerées à soupe de rhum ✦ 1 brin de romarin ✦ 1 cuillerée à soupe de pistaches non salées et de pignons ✦ 1 jaune d'œuf pour la dorure*

✦ Réaliser la pâte à tarte : mélanger la farine tamisée, le sucre en poudre, les pistaches concassées et le beurre bien froid découpé en petits dés, du bout des doigts. Ajouter l'eau. Vous obtenez une pâte sableuse qu'il ne faut pas trop travailler. Réaliser une boule, la filmer et la laisser reposer au frais au moins 1 h, idéalement 2 h.

✦ Fariner le plan de travail, puis étaler la pâte au rouleau à pâtisserie. Réaliser deux disques, dont l'un doit être un peu plus grand que l'autre. Enrouler la pâte du disque le plus petit autour du rouleau et la déposer sur le moule. Foncer la pâte dans un cercle ou un moule à tarte de 20 cm de diamètre. Piquer à la fourchette le fond et les contours de la tarte et réserver encore 30 min au frais pour éviter que les bords ne se rétractent.

✦ Préchauffer le four à 160/180 °C (th. 6). Mettre au four la tarte, recouverte d'une feuille de papier et de billes de cuisson, durant 30 min. Réserver le second disque de pâte au frais.

✦ Réaliser la garniture : laver, égrener le raisin et sécher les grains. Dans une poêle, faire fondre le beurre. Ajouter les grains de raisin, le rhum et le miel. Laisser cuire 10 min. Les pépins de raisin vont se détacher des grains. Récupérer les grains à l'aide d'une écumoire. Faire réduire le jus pendant encore 8 à 10 min. Filtrer pour vous débarrasser des derniers pépins. Réserver cette réduction avec le raisin. Ajouter les pistaches et les pignons.

✦ Verser cette garniture sur le fond de tarte précuit dont vous avez ôté les billes de cuisson. Humidifier le bord de la pâte avec un peu d'eau, poser le second disque de pâte dessus et bien souder. Dorer avec un pinceau au jaune d'œuf et cuire 30 min.

✦ Déguster tiède ou froid avec une cuillerée de crème fraîche.

TARTE AU FROMAGE BLANC

Préparation : 25 min Cuisson : 1 h 05

POUR 6 PERSONNES

PÂTE SUCRÉE : *200 g de farine ✦ 100 g de beurre très froid ✦ 40 g de sucre en poudre ✦ 3 cuillerées à soupe d'eau* ✦ **GARNITURE :** *400 g de fromage blanc à 30 % ou 3,4 % sur produit fini ✦ 4 œufs entiers ✦ 80 g de sucre en poudre ✦ 40 g de farine ✦ 20 cl de crème ✦ 1 cuillerée à café de vanille liquide ✦ Sucre glace pour la décoration*

✦ Réaliser la pâte à tarte : mélanger la farine tamisée, le sucre et le beurre découpé en petits dés du bout des doigts. Ajouter l'eau. Vous obtenez un mélange sableux. Ne pas trop travailler la pâte. Réaliser une boule, la filmer et la laisser reposer au frais au moins 1 h, idéalement 3 h.

✦ Fariner le plan de travail, puis étaler la pâte au rouleau à pâtisserie, pas trop fine. L'enrouler autour du rouleau et la déposer sur le moule. Foncer la pâte dans un moule à charnière de 22/24 cm de diamètre légèrement beurré. Piquer à la fourchette le fond et les contours de la tarte et réserver encore 30 min au frais pour éviter que les bords ne se rétractent.

✦ Préchauffer le four à 180 °C (th. 6). Mettre au four la tarte, recouverte d'une feuille de papier et de billes de cuisson, durant 25 min.

✦ Réaliser la garniture : mélanger au fouet le fromage blanc, le sucre en poudre, les jaunes d'œuf, la crème et la vanille. Monter les blancs en neige et les ajouter délicatement à la crème de fromage blanc.

✦ Verser cette garniture sur le fond de tarte précuit, dont vous avez ôté les billes de cuisson, et cuire 40 min. Si la tarte au fromage dore trop vite, la couvrir d'une feuille de papier de cuisson.

✦ Déguster cette tarte d'origine alsacienne tiède ou froide, saupoudrée de sucre glace ou accompagnée d'un coulis de fruits rouges.

TARTE TROPÉZIENNE

Préparation : *45 min* **Cuisson :** *40 min*

POUR 8 PERSONNES

PÂTE À BRIOCHE : *300 g de farine ✦ 15 g de levure de boulanger ✦ 40 g de sucre en poudre ✦ 15 cl de lait ✦ 1 œuf ✦ 50 g de beurre mou ✦ 1 cuillerée à café de sel fin ✦ 50 g de sucre casson (sucre pour chouquettes) ✦ 1 jaune d'œuf pour la dorure* ✦ **CRÈME :** *1 œuf entier et 1 jaune ✦ 60 g de sucre ✦ 40 g de beurre mou ✦ 25 g de Maïzena ✦ 20 cl de crème fleurette ✦ 25 cl de lait ✦ 2 gousses de vanille ✦ 1 cuillerée à soupe de fleur d'oranger (facultatif)*

✦ Réaliser la pâte à brioche : dans un saladier ou le bol d'un robot (équipé du fouet plat appelé aussi feuille), verser 50 g de farine tamisée. Faire un puits, émietter la levure de boulanger et verser 5 cl de lait. Remuer à la cuillère. Recouvrir des 250 g de farine restante sans mélanger, et laisser lever ainsi 1 h à température ambiante. Ce couvercle de farine va permettre au levain de pousser.

✦ Au bout de 1 h, ajouter le sucre, le sel, la totalité du lait, le beurre et l'œuf. Mélanger, puis pétrir au batteur 10 min. La pâte doit être élastique. Recouvrir d'un torchon et laisser reposer 30 à 40 min.

✦ Réaliser la crème : faire bouillir le lait avec les gousses de vanille fendues et grattées. Laisser infuser la vanille 30 min dans le lait.

✦ Dans un saladier, fouetter les œufs (l'œuf entier et le jaune) avec le sucre en poudre jusqu'à ce que le mélange blanchisse, puis incorporer la Maïzena.

✦ Ôter les gousses de vanille du lait et mouiller progressivement le mélange du saladier avec le lait infusé. Verser le tout dans la casserole et faites cuire à feu doux jusqu'à épaississement de la crème. Ajouter hors feu le beurre mou, la fleur d'oranger, et laisser refroidir légèrement. Réaliser une chantilly avec la crème fleurette avant de l'incorporer à la garniture refroidie. Filmer et réserver au frais. Pour éviter que la crème ne croûte, déposer un film alimentaire au contact de la surface.

✦ Fariner le plan de travail, puis étaler la pâte à brioche en un cercle de 25 cm environ au rouleau à pâtisserie. Couvrir du torchon et laisser de nouveau pousser à température ambiante pendant 45 min (choisir un endroit chaud).

✦ Préchauffer le four à 180 °C (th. 6). Dorer la brioche au pinceau avec le jaune d'œuf et une cuillerée à soupe d'eau. Saupoudrer généreusement de sucre casson et enfourner pour 25 min.

✦ Laisser refroidir au sortir du four sur une grille puis, délicatement, découper dans l'épaisseur la tarte à l'aide d'un couteau à pain (scie). Étaler généreusement la crème sur la moitié inférieure de la tarte, puis couvrir de l'autre moitié.

✦ Déguster sans attendre ou réserver au frais jusqu'au moment de servir.

TARTE AU SUCRE

Préparation : 30 min *Cuisson : 30 min*

POUR 6 PERSONNES

PÂTE À BRIOCHE : *250 g de farine ✦ 80 g de beurre pommade ✦ 15 g de levure de boulanger ✦ 5 cl de lait ✦ 2 cuillerées à soupe de sucre ✦ 2 œufs* ✦ GARNITURE : *95 g de vergeoise ✦ Quelques noisettes de beurre ✦ 2 cuillerées à soupe de crème fraîche liquide*

✦ Préparer la pâte à brioche qui servira de fond de tarte : délayer la levure dans le lait tiédi. Couper le beurre en dés. Dans un saladier, verser la farine tamisée puis le sucre et les œufs. Ajouter la levure et pétrir (éventuellement au robot). Ajouter le beurre bien froid et mélanger pour obtenir une pâte un peu élastique. La disposer sous un torchon et la laisser lever, c'est-à-dire doubler de volume pendant 1 à 2 h.

✦ Étaler la pâte en quatre disques de 13 cm de diamètre environ sur une épaisseur de 5 mm. Les disposer sur la plaque de cuisson préalablement recouverte de papier sulfurisé. Du bout des doigts, faire des creux dans les quatre tartes et laisser reposer de nouveau 1 h dans un endroit chaud.

✦ Préchauffer le four à 180 °C (th. 6). Avec un pinceau, badigeonner les fonds de tarte de crème liquide. Saupoudrer de vergeoise. Répartir quelques noisettes de beurre et cuire 30 min. Baisser le four à 150 °C (th. 5) les dix dernières minutes.

✦ Déguster tiède avec une tasse de thé ou un chocolat chaud.

TABLE DES RECETTES

TARTES SALÉES

TARTES SUCRÉES

Christine Achard adresse ses remerciements à Thomas, Mathilde, Oscar et Corinne pour leur implication et leur patience.

L'auteur remercie également les marques suivantes pour le prêt de matériel nécessaire au stylisme des photographies :

Astier de Villatte (p. 49, 57), *Autour du Monde* (p. 59, 61), *Cultura* (p. 50), *Jean Dubost* (p. 12),

Le Jacquard Français (p. 13, 17, 23, 49), *Linum* (p. 21), *Sabre* (p. 61).

Retrouvez l'auteur sur son site jecuisineavec.com

Editions OUEST-FRANCE
Lille - Rennes

Editeur : Jérôme Le Bihan
Coordination éditoriale : Isabelle Rousseau
Conception graphique : Studio graphique
des Editions Ouest-France
Mise en page et photogravure : Graph&ti, Cesson-Sévigné (35)
Impression : Loire Offset Titoulet à Saint-Etienne (42)
N° d'éditeur : 7436.01.03.05.14
I.S.B.N. 978-2-7373-6332-0
Dépôt légal : mai 2014

Imprimé en France
www.editionsouestfrance.fr